DER KLEINE KATECHISMUS DOKTOR MARTIN LUTHERS

Neubearbeitete Ausgabe 1986

Gemeinsame Fassung der Evangelischen Kirche der Union
und der Vereinigten Evangelisch-Lutherischen Kirche
Deutschlands

DIE ZEHN GEBOTE

ICH BIN DER HERR, DEIN GOTT

Du sollst nicht andere Götter haben neben mir.

Du sollst den Namen des Herrn, deines Gottes,
    nicht unnütz gebrauchen;
    denn der Herr wird den nicht ungestraft lassen,
    der seinen Namen mißbraucht.

Du sollst den Feiertag heiligen.

Du sollst deinen Vater und deine Mutter ehren,
    auf daß dir's wohlgehe
    und du lange lebest auf Erden.

Du sollst nicht töten.

Du sollst nicht ehebrechen.

Du sollst nicht stehlen.

Du sollst nicht falsch Zeugnis reden
    wider deinen Nächsten.

Du sollst nicht begehren deines Nächsten Haus.

Du sollst nicht begehren
    deines Nächsten Weib, Knecht,
    Magd, Vieh noch alles, was sein ist.

DER GLAUBE

Ich glaube an Gott,
den Vater, den Allmächtigen,
den Schöpfer des Himmels und der Erde,

und an Jesus Christus,
seinen eingeborenen Sohn, unsern Herrn,
empfangen durch den Heiligen Geist,
geboren von der Jungfrau Maria,
gelitten unter Pontius Pilatus,
gekreuzigt, gestorben und begraben,
hinabgestiegen in das Reich des Todes,
am dritten Tage auferstanden von den Toten,
aufgefahren in den Himmel;
er sitzt zur Rechten Gottes,
des allmächtigen Vaters;
von dort wird er kommen,
zu richten die Lebenden und die Toten.

Ich glaube an den Heiligen Geist,
die heilige christliche Kirche,
Gemeinschaft der Heiligen,
Vergebung der Sünden,
Auferstehung der Toten
und das ewige Leben.

Amen.

DAS VATERUNSER

Vater unser im Himmel.
Geheiligt werde dein Name.
Dein Reich komme.
Dein Wille geschehe,
    wie im Himmel, so auf Erden.
Unser tägliches Brot gib uns heute.
Und vergib uns unsere Schuld,
    wie auch wir vergeben unsern Schuldigern.
Und führe uns nicht in Versuchung,
    sondern erlöse uns von dem Bösen.
Denn dein ist das Reich und die Kraft
    und die Herrlichkeit in Ewigkeit.

Amen.

DAS SAKRAMENT DER HEILIGEN TAUFE

Unser Herr Christus spricht:
Gehet hin in alle Welt
und machet zu Jüngern alle Völker:
Taufet sie auf den Namen des Vaters
und des Sohnes und des Heiligen Geistes.

Wer da glaubt und getauft wird,
der wird selig werden;
wer aber nicht glaubt,
der wird verdammt werden.

DAS SAKRAMENT DES ALTARS
ODER DAS HEILIGE ABENDMAHL

Unser Herr Jesus Christus,
in der Nacht, da er verraten ward,
nahm er das Brot,
dankte und brach's
und gab's seinen Jüngern und sprach:
Nehmet hin und esset:
Das ist mein Leib,
der für euch gegeben wird;
solches tut zu meinem Gedächtnis.

Desgleichen nahm er auch den Kelch
nach dem Abendmahl*,
dankte und gab ihnen den und sprach:
Nehmet hin und trinket alle daraus:
Dieser Kelch ist das neue Testament**
in meinem Blut,
das für euch vergossen wird
zur Vergebung der Sünden;
solches tut, so oft ihr's trinket,
zu meinem Gedächtnis.

* Die revidierte Lutherbibel von 1984 übersetzt an dieser Stelle: »nach
dem Mahl« (1. Korinther 11,25).
** Die revidierte Lutherbibel von 1984 übersetzt an dieser Stelle:
»Dieser Kelch ist der neue Bund in meinem Blut« (1. Korinther 11,25).

DER KLEINE KATECHISMUS

Das erste Hauptstück

DIE ZEHN GEBOTE

DAS ERSTE GEBOT
ICH BIN DER HERR, DEIN GOTT.
Du sollst nicht andere Götter haben neben mir.

Was ist das?
Wir sollen Gott über alle Dinge
fürchten, lieben und vertrauen.

DAS ZWEITE GEBOT
Du sollst den Namen des Herrn, deines Gottes,
nicht unnütz gebrauchen;
denn der Herr wird den nicht ungestraft lassen,
der seinen Namen mißbraucht.

Was ist das?
Wir sollen Gott fürchten und lieben,
daß wir bei seinem Namen
nicht fluchen, schwören, zaubern, lügen oder trügen,
sondern ihn in allen Nöten anrufen,
beten, loben und danken.

DAS DRITTE GEBOT

Du sollst den Feiertag heiligen.

Was ist das?
Wir sollen Gott fürchten und lieben,
daß wir die Predigt und sein Wort nicht verachten,
sondern es heilig halten, gerne hören und lernen.

DAS VIERTE GEBOT

**Du sollst deinen Vater und deine Mutter ehren,
auf daß dir's wohlgehe
und du lange lebest auf Erden.**

Was ist das?
Wir sollen Gott fürchten und lieben,
daß wir unsere Eltern und Herren
nicht verachten noch erzürnen,
sondern sie in Ehren halten, ihnen dienen,
gehorchen, sie lieb und wert haben.

DAS FÜNFTE GEBOT

Du sollst nicht töten.

Was ist das?
Wir sollen Gott fürchten und lieben,
daß wir unserm Nächsten
an seinem Leibe keinen Schaden noch Leid tun,
sondern ihm helfen und beistehen in allen Nöten.

DAS SECHSTE GEBOT

Du sollst nicht ehebrechen.

Was ist das?
Wir sollen Gott fürchten und lieben,
daß wir keusch und zuchtvoll leben
in Worten und Werken
und in der Ehe einander lieben und ehren.

DAS SIEBENTE GEBOT

Du sollst nicht stehlen.

Was ist das?
Wir sollen Gott fürchten und lieben,
daß wir unsers Nächsten Geld oder Gut nicht nehmen
noch mit falscher Ware oder Handel an uns bringen,
sondern ihm sein Gut und Nahrung
helfen bessern und behüten.

DAS ACHTE GEBOT

**Du sollst nicht falsch Zeugnis reden
wider deinen Nächsten.**

Was ist das?
Wir sollen Gott fürchten und lieben,
daß wir unsern Nächsten nicht belügen,
verraten, verleumden oder seinen Ruf verderben,
sondern sollen ihn entschuldigen,
Gutes von ihm reden
und alles zum besten kehren.

DAS NEUNTE GEBOT

Du sollst nicht begehren deines Nächsten Haus.

Was ist das?
Wir sollen Gott fürchten und lieben,
daß wir unserm Nächsten
nicht mit List nach seinem Erbe oder Hause trachten
und mit einem Schein des Rechts an uns bringen,
sondern ihm dasselbe zu behalten
förderlich und dienlich sein.

DAS ZEHNTE GEBOT

**Du sollst nicht begehren deines Nächsten Weib,
Knecht, Magd, Vieh noch alles, was sein ist.**

Was ist das?
Wir sollen Gott fürchten und lieben,
daß wir unserm Nächsten
nicht seine Frau, Gehilfen oder Vieh ausspannen,
abwerben oder abspenstig machen,
sondern dieselben anhalten,
daß sie bleiben und tun, was sie schuldig sind.

WAS SAGT NUN GOTT VON DIESEN GEBOTEN ALLEN?

Er sagt so:
**Ich der Herr, dein Gott, bin ein eifernder Gott,
der an denen, die mich hassen,
die Sünde der Väter heimsucht
bis zu den Kindern im dritten und vierten Glied;
aber denen, die mich lieben und meine Gebote halten,
tue ich wohl bis in tausend Glied.**

Was ist das?
Gott droht zu strafen alle, die diese Gebote übertreten;
darum sollen wir uns fürchten vor seinem Zorn
und nicht gegen seine Gebote handeln.
Er verheißt aber Gnade und alles Gute
allen, die diese Gebote halten;
darum sollen wir ihn auch lieben und vertrauen
und gerne tun nach seinen Geboten.

Das zweite Hauptstück

DER GLAUBE

DER ERSTE ARTIKEL · VON DER SCHÖPFUNG

**Ich glaube an Gott den Vater,
den Allmächtigen,
den Schöpfer des Himmels und der Erde.**

Was ist das?
Ich glaube,
daß mich Gott geschaffen hat
samt allen Kreaturen,
mir Leib und Seele, Augen, Ohren
und alle Glieder,
Vernunft und alle Sinne
gegeben hat und noch erhält;
dazu Kleider und Schuh, Essen und Trinken,
Haus und Hof, Weib und Kind,
Acker, Vieh und alle Güter;
mit allem, was not tut für Leib und Leben,
mich reichlich und täglich versorgt,
in allen Gefahren beschirmt
und vor allem Übel behütet und bewahrt;
und das alles
aus lauter väterlicher, göttlicher Güte
und Barmherzigkeit,
ohn all mein Verdienst und Würdigkeit:
für all das
ich ihm zu danken und zu loben
und dafür zu dienen und gehorsam zu sein
schuldig bin.

Das ist gewißlich wahr.

DER ZWEITE ARTIKEL · VON DER ERLÖSUNG

**Und an Jesus Christus,
seinen eingeborenen Sohn, unsern Herrn,
empfangen durch den Heiligen Geist,
geboren von der Jungfrau Maria,
gelitten unter Pontius Pilatus,
gekreuzigt, gestorben und begraben,
hinabgestiegen in das Reich des Todes,
am dritten Tage auferstanden von den Toten,
aufgefahren in den Himmel;
er sitzt zur Rechten Gottes,
des allmächtigen Vaters;
von dort wird er kommen,
zu richten die Lebenden und die Toten.**

Was ist das?
Ich glaube,
daß Jesus Christus, wahrhaftiger Gott
vom Vater in Ewigkeit geboren
und auch wahrhaftiger Mensch
von der Jungfrau Maria geboren,
sei mein Herr,
der mich verlornen und verdammten Menschen
erlöset hat,
erworben, gewonnen von allen Sünden,
vom Tode und von der Gewalt des Teufels;
nicht mit Gold oder Silber,
sondern mit seinem heiligen, teuren Blut
und mit seinem unschuldigen Leiden und Sterben;
damit ich sein eigen sei
und in seinem Reich unter ihm lebe und ihm diene
in ewiger Gerechtigkeit, Unschuld und Seligkeit,
gleichwie er ist auferstanden vom Tode,
lebet und regieret in Ewigkeit.

Das ist gewißlich wahr.

DER DRITTE ARTIKEL · VON DER HEILIGUNG

Ich glaube an den Heiligen Geist,
die heilige christliche Kirche,
Gemeinschaft der Heiligen,
Vergebung der Sünden,
Auferstehung der Toten
und das ewige Leben.
Amen.

Was ist das?
Ich glaube,
daß ich nicht aus eigener Vernunft noch Kraft
an Jesus Christus, meinen Herrn,
glauben oder zu ihm kommen kann;
sondern der Heilige Geist
hat mich durch das Evangelium berufen,
mit seinen Gaben erleuchtet,
im rechten Glauben geheiligt und erhalten;
gleichwie er die ganze Christenheit auf Erden beruft,
sammelt, erleuchtet, heiligt
und bei Jesus Christus erhält im rechten, einigen Glauben;
in welcher Christenheit
er mir und allen Gläubigen
täglich alle Sünden reichlich vergibt
und am Jüngsten Tage
mich und alle Toten auferwecken wird
und mir samt allen Gläubigen in Christus
ein ewiges Leben geben wird.

Das ist gewißlich wahr.

Das dritte Hauptstück

DAS VATERUNSER

DIE ANREDE
Vater unser im Himmel.

Was ist das?
Gott will uns damit locken, daß wir glauben sollen,
er sei unser rechter Vater und wir seine rechten Kinder,
damit wir getrost und mit aller Zuversicht
ihn bitten sollen
wie die lieben Kinder ihren lieben Vater.

DIE ERSTE BITTE
Geheiligt werde dein Name.

Was ist das?
Gottes Name ist zwar an sich selbst heilig;
aber wir bitten in diesem Gebet,
daß er auch bei uns heilig werde.

Wie geschieht das?
Wo das Wort Gottes lauter und rein gelehrt wird
und wir auch heilig, als die Kinder Gottes, danach leben.
Dazu hilf uns, lieber Vater im Himmel!
Wer aber anders lehrt und lebt,
als das Wort Gottes lehrt,
der entheiligt unter uns den Namen Gottes.
Davor behüte uns, himmlischer Vater!

DIE ZWEITE BITTE

Dein Reich komme.

Was ist das?
Gottes Reich kommt auch ohne unser Gebet von selbst,
aber wir bitten in diesem Gebet,
daß es auch zu uns komme.

Wie geschieht das?
Wenn der himmlische Vater uns seinen Heiligen Geist gibt,
daß wir seinem heiligen Wort
durch seine Gnade glauben
und danach leben,
hier zeitlich und dort ewiglich.

DIE DRITTE BITTE

Dein Wille geschehe, wie im Himmel, so auf Erden.

Was ist das?
Gottes guter, gnädiger Wille geschieht
auch ohne unser Gebet;
aber wir bitten in diesem Gebet,
daß er auch bei uns geschehe.

Wie geschieht das?
Wenn Gott allen bösen Rat und Willen
bricht und hindert,
die uns den Namen Gottes nicht heiligen
und sein Reich nicht kommen lassen wollen,
wie der Teufel, die Welt und unsres Fleisches Wille;
sondern stärkt und behält uns fest
in seinem Wort und Glauben bis an unser Ende.
Das ist sein gnädiger, guter Wille.

DIE VIERTE BITTE

Unser tägliches Brot gib uns heute.

Was ist das?
Gott gibt das tägliche Brot, auch ohne unsere Bitte,
allen bösen Menschen;
aber wir bitten in diesem Gebet,
daß er's uns erkennen lasse
und wir mit Danksagung empfangen unser tägliches Brot.

Was heißt denn tägliches Brot?
Alles was not tut für Leib und Leben
wie Essen, Trinken, Kleider, Schuh,
Haus, Hof, Acker, Vieh, Geld, Gut,
fromme Eheleute, fromme Kinder, fromme Gehilfen,
fromme und treue Oberherren, gute Regierung,
gut Wetter, Friede, Gesundheit, Zucht, Ehre,
gute Freunde, getreue Nachbarn und desgleichen.

DIE FÜNFTE BITTE

**Und vergib uns unsere Schuld,
wie auch wir vergeben unsern Schuldigern.**

Was ist das?
Wir bitten in diesem Gebet,
daß der Vater im Himmel nicht ansehen wolle
unsere Sünden und um ihretwillen
solche Bitten nicht versagen,
denn wir sind dessen nicht wert, was wir bitten,
haben's auch nicht verdient;
sondern er wolle es uns alles aus Gnaden geben,
obwohl wir täglich viel sündigen
und nichts als Strafe verdienen.
So wollen wir wiederum auch herzlich vergeben
und gerne wohltun denen, die sich an uns versündigen.

DIE SECHSTE BITTE

Und führe uns nicht in Versuchung.

Was ist das?
Gott versucht zwar niemand;
aber wir bitten in diesem Gebet,
daß uns Gott behüte und erhalte,
damit uns der Teufel, die Welt und unser Fleisch
nicht betrüge und verführe in Mißglauben, Verzweiflung
und andere große Schande und Laster;
und wenn wir damit angefochten würden,
daß wir doch endlich gewinnen und den Sieg behalten.

DIE SIEBENTE BITTE

Sondern erlöse uns von dem Bösen.

Was ist das?
Wir bitten in diesem Gebet,
daß uns der Vater im Himmel
vom Bösen und allem Übel
an Leib und Seele, Gut und Ehre erlöse
und zuletzt, wenn unser Stündlein kommt,
ein seliges Ende beschere
und mit Gnaden von diesem Jammertal
zu sich nehme in den Himmel.

DER BESCHLUSS

**Denn dein ist das Reich und die Kraft
und die Herrlichkeit in Ewigkeit. Amen.**

Was heißt Amen?
Daß ich soll gewiß sein, solche Bitten sind dem Vater
im Himmel angenehm und werden erhört.
Denn er selbst hat uns geboten, so zu beten,
und verheißen, daß er uns erhören will.
Amen, Amen, das heißt: Ja, ja, so soll es geschehen.

Das vierte Hauptstück

DAS SAKRAMENT DER HEILIGEN TAUFE

ZUM ERSTEN

Was ist die Taufe?
Die Taufe ist nicht allein schlicht Wasser,
sondern sie ist das Wasser
in Gottes Gebot gefaßt
und mit Gottes Wort verbunden.

Welches ist denn dies Wort Gottes?
Unser Herr Christus spricht
bei Matthäus im letzten Kapitel:

**Gehet hin in alle Welt
und machet zu Jüngern alle Völker:
Taufet sie auf den Namen des Vaters
und des Sohnes und des Heiligen Geistes.**

ZUM ZWEITEN

Was gibt oder nützt die Taufe?
Sie wirkt Vergebung der Sünden,
erlöst vom Tode und Teufel
und gibt die ewige Seligkeit allen,
die es glauben,
wie die Worte und Verheißung Gottes lauten.

Welches sind denn solche Worte
und Verheißung Gottes?
Unser Herr Christus spricht
bei Markus im letzten Kapitel:

Wer da glaubt und getauft wird,
der wird selig werden;
wer aber nicht glaubt,
der wird verdammt werden.

ZUM DRITTEN

Wie kann Wasser solch große Dinge tun?
Wasser tut's freilich nicht,
sondern das Wort Gottes,
das mit und bei dem Wasser ist,
und der Glaube,
der solchem Worte Gottes im Wasser traut.
Denn ohne Gottes Wort
ist das Wasser schlicht Wasser und keine Taufe;
aber mit dem Worte Gottes ist's eine Taufe,
das ist ein gnadenreiches Wasser des Lebens
und ein Bad der neuen Geburt im Heiligen Geist;
wie Paulus sagt zu Titus im dritten Kapitel:

Gott macht uns selig
durch das Bad der Wiedergeburt und Erneuerung
im Heiligen Geist,
den er über uns reichlich ausgegossen hat
durch Jesus Christus, unsern Heiland,
damit wir,
durch dessen Gnade gerecht geworden,
Erben des ewigen Lebens würden
nach unsrer Hoffnung.
Das ist gewißlich wahr.

ZUM VIERTEN

Was bedeutet denn solch Wassertaufen?
Es bedeutet,
daß der alte Adam in uns
durch tägliche Reue und Buße soll ersäuft werden
und sterben mit allen Sünden und bösen Lüsten;
und wiederum täglich herauskommen und auferstehen
ein neuer Mensch,
der in Gerechtigkeit und Reinheit
vor Gott ewiglich lebe.

Wo steht das geschrieben?
Der Apostel Paulus spricht zu den Römern
im sechsten Kapitel:

**Wir sind mit Christus begraben
durch die Taufe in den Tod,
damit,
wie Christus auferweckt ist von den Toten
durch die Herrlichkeit des Vaters,
auch wir in einem neuen Leben wandeln.**

DAS SAKRAMENT DES ALTARS
ODER DAS HEILIGE ABENDMAHL

ZUM ERSTEN

Was ist das Sakrament des Altars?
Es ist der wahre Leib und Blut
unsers Herrn Jesus Christus,
unter dem Brot und Wein
uns Christen zu essen und zu trinken
von Christus selbst eingesetzt.

Wo steht das geschrieben?
So schreiben die heiligen Evangelisten
Matthäus, Markus, Lukas
und der Apostel Paulus:

**Unser Herr Jesus Christus,
in der Nacht, da er verraten ward,
nahm er das Brot,
dankte und brach's
und gab's seinen Jüngern
und sprach:
Nehmet hin und esset:
Das ist mein Leib,
der für euch gegeben wird;
solches tut zu meinem Gedächtnis.**

Desgleichen nahm er auch den Kelch
nach dem Abendmahl*,
dankte und gab ihnen den
und sprach:
Nehmet hin und trinket alle daraus:
Dieser Kelch ist das neue Testament**
in meinem Blut,
das für euch vergossen wird
zur Vergebung der Sünden;
solches tut, so oft ihr's trinket,
zu meinem Gedächtnis.

ZUM ZWEITEN

Was nützt denn solch Essen und Trinken?
Das zeigen uns diese Worte:
Für euch gegeben und vergossen
zur Vergebung der Sünden;
nämlich,
daß uns im Sakrament Vergebung der Sünden,
Leben und Seligkeit
durch solche Worte gegeben wird;
denn wo Vergebung der Sünden ist,
da ist auch Leben und Seligkeit.

* Die revidierte Lutherbibel von 1984 übersetzt an dieser Stelle: »nach dem Mahl« (1. Korinther 11,25).
** Die revidierte Lutherbibel von 1984 übersetzt an dieser Stelle: »Dieser Kelch ist der neue Bund in meinem Blut« (1. Korinther 11,25).

ZUM DRITTEN

Wie kann leiblich Essen und Trinken
solch große Dinge tun?
Essen und Trinken tut's freilich nicht,
sondern die Worte, die da stehen:
Für euch gegeben und vergossen
zur Vergebung der Sünden.
Diese Worte sind
neben dem leiblichen Essen und Trinken
das Hauptstück im Sakrament.
Und wer diesen Worten glaubt,
der hat,
was sie sagen und wie sie lauten,
nämlich:
Vergebung der Sünden.

ZUM VIERTEN

Wer empfängt denn dieses Sakrament würdig?
Fasten und leiblich sich bereiten
ist zwar eine feine äußerliche Zucht;
aber der ist recht würdig und wohl geschickt,
wer den Glauben hat an diese Worte:
Für euch gegeben und vergossen
zur Vergebung der Sünden.
Wer aber diesen Worten nicht glaubt oder zweifelt,
der ist unwürdig und ungeschickt;
denn das Wort **Für euch**
fordert nichts als gläubige Herzen.

VOM AMT DER SCHLÜSSEL
UND VON DER BEICHTE*

Was ist das Amt der Schlüssel?
Es ist die besondere Gewalt,
die Christus seiner Kirche auf Erden gegeben hat,
den bußfertigen Sündern die Sünden zu vergeben,
den unbußfertigen aber die Sünden zu behalten,
solange sie nicht Buße tun.

Wo steht das geschrieben?
Unser Herr Jesus Christus spricht
bei Matthäus im sechzehnten Kapitel
zu Petrus:

Ich will dir des Himmelreichs Schlüssel geben:
alles, was du auf Erden binden wirst,
soll auch im Himmel gebunden sein,
und alles, was du auf Erden lösen wirst,
soll auch im Himmel gelöst sein.

Desgleichen spricht er zu seinen Jüngern
bei Johannes im zwanzigsten Kapitel:

Nehmet hin den Heiligen Geist!
Welchen ihr die Sünden erlasset,
denen sind sie erlassen;
und welchen ihr sie behaltet,
denen sind sie behalten.

* Das Stück vom Amt der Schlüssel findet sich ursprünglich nicht
im Kleinen Katechismus, geht aber auf Martin Luther zurück.

Was ist die Beichte?
Die Beichte begreift zwei Stücke in sich:
eins,
daß man die Sünden bekenne,
das andere,
daß man die Absolution oder Vergebung
vom Beichtiger* empfange
als von Gott selbst
und ja nicht daran zweifle, sondern fest glaube,
die Sünden seien dadurch vergeben
vor Gott im Himmel.

Welche Sünden soll man denn beichten?
Vor Gott
soll man sich aller Sünden schuldig bekennen,
auch die wir nicht erkennen,
wie wir im Vaterunser tun.
Aber vor dem Beichtiger
sollen wir allein die Sünden bekennen,
die wir wissen und fühlen im Herzen.

Welche sind die?
Da siehe deinen Stand an nach den zehn Geboten,
ob du Vater, Mutter, Sohn, Tochter bist,
in welchem Beruf und Dienst du stehst:
ob du ungehorsam, untreu, unfleißig,
zornig, zuchtlos, streitsüchtig gewesen bist,
ob du jemand Leid getan hast
mit Worten oder Werken,
ob du gestohlen, etwas versäumt
oder Schaden getan hast.

* Person, die die Beichte hört

Wie bekennst du deine Sünden vor dem Beichtiger?

So kannst du zum Beichtiger sprechen:
Ich bitte, meine Beichte zu hören
und mir die Vergebung zuzusprechen
um Gottes willen.
*Hierauf bekenne dich vor Gott aller Sünden schuldig
und sprich vor dem Beichtiger aus,
was als besondere Sünde und Schuld auf dir liegt.
Deine Beichte kannst du mit den Worten schließen:*
Das alles ist mir leid.
Ich bitte um Gnade.
Ich will mich bessern.

Wie geschieht die Lossprechung (Absolution)?

Der Beichtiger spricht:
Gott sei dir gnädig und stärke deinen Glauben.
Amen.
Glaubst du auch, daß meine Vergebung
Gottes Vergebung ist?

Antwort:
Ja, das glaube ich.

Darauf spricht er:
Wie du glaubst, so geschehe dir.
Und ich,
auf Befehl unseres Herrn Jesus Christus,
vergebe dir deine Sünden
im Namen des Vaters und des Sohnes
und des Heiligen Geistes.
Amen.
Gehe hin in Frieden!

Welche aber im Gewissen sehr beschwert
oder betrübt und angefochten sind,
die wird ein Beichtvater wohl
mit mehr Worten der Heiligen Schrift zu trösten wissen
und zum Glauben reizen.
Dies soll nur e i n e Weise der Beichte sein.

DIE GEMEINSAME BEICHTE

Allmächtiger Gott, barmherziger Vater,
ich armer, elender, sündiger Mensch
bekenne dir alle meine Sünde und Missetat,
die ich begangen
mit Gedanken, Worten und Werken,
womit ich dich jemals erzürnt
und deine Strafe zeitlich und ewiglich verdient habe.
Sie sind mir aber alle herzlich leid
und reuen mich sehr,
und ich bitte dich
um deiner grundlosen Barmherzigkeit
und um des unschuldigen bitteren Leidens und Sterbens
deines lieben Sohnes Jesus Christus willen,
du wollest mir armen sündhaften Menschen
gnädig und barmherzig sein,
mir alle meine Sünden vergeben
und zu meiner Besserung deines Geistes Kraft verleihen.
Amen.

DER MORGENSEGEN

Des Morgens, wenn du aufstehst,
kannst du dich segnen
mit dem Zeichen des heiligen Kreuzes
und sagen:

Das walte Gott Vater, Sohn und Heiliger Geist.
Amen.

Darauf kniend oder stehend
das Glaubensbekenntnis
und das Vaterunser.

Willst du, so kannst du dies Gebet dazu sprechen:

Ich danke dir, mein himmlischer Vater,
durch Jesus Christus, deinen lieben Sohn,
daß du mich diese Nacht
vor allem Schaden und Gefahr behütet hast,
und bitte dich,
du wollest mich diesen Tag auch behüten
vor Sünden und allem Übel,
daß dir all mein Tun und Leben gefalle.
Denn ich befehle mich,
meinen Leib und Seele
und alles in deine Hände.
Dein heiliger Engel sei mit mir,
daß der böse Feind keine Macht an mir finde.
Amen.

Und alsdann mit Freuden an dein Werk gegangen
und etwa ein Lied gesungen
oder, was dir deine Andacht eingibt.

DER ABENDSEGEN

Des Abends, wenn du zu Bett gehst,
kannst du dich segnen
mit dem Zeichen des heiligen Kreuzes
und sagen:

Das walte Gott Vater, Sohn und Heiliger Geist.
Amen.

Darauf kniend oder stehend
das Glaubensbekenntnis
und das Vaterunser.

Willst du, so kannst du dies Gebet dazu sprechen:

Ich danke dir, mein himmlischer Vater,
durch Jesus Christus, deinen lieben Sohn,
daß du mich diesen Tag
gnädiglich behütet hast,
und bitte dich,
du wollest mir vergeben alle meine Sünden,
wo ich unrecht getan habe,
und mich diese Nacht gnädiglich behüten.
Denn ich befehle mich,
meinen Leib und Seele
und alles in deine Hände.
Dein heiliger Engel sei mit mir,
daß der böse Feind keine Macht an mir finde.
Amen.

Und alsdann flugs und fröhlich geschlafen.

GEBET VOR TISCH

**Aller Augen warten auf dich, Herr,
und du gibst ihnen ihre Speise zur rechten Zeit.
Du tust deine Hand auf
und sättigst alles, was lebt,
nach deinem Wohlgefallen.**

Vaterunser.

Herr Gott, himmlischer Vater,
segne uns und diese deine Gaben,
die wir von deiner milden Güte zu uns nehmen,
durch Jesus Christus, unsern Herrn.
Amen.

GEBET NACH TISCH

**Danket dem Herrn, denn er ist freundlich,
und seine Güte währet ewiglich.**

Vaterunser.

Wir danken dir, Herr Gott Vater,
durch Jesus Christus, unsern Herrn,
für alle deine Wohltat,
der du lebst und regierst in Ewigkeit.
Amen.

Die Deutsche Bibliothek – CIP-Einheitsaufnahme

Luther, Martin:
[Der kleine Katechismus]
Der kleine Katechismus Doktor Martin Luthers. –
Neubearb. Ausg. 1986, 6. Aufl. –
Hannover: Luth. Verl.-Haus, 1987.
ISBN 3-7859-0551-3

7. Auflage 1997

Diese im Jahre 1986 beschlossene und von der Evangelischen Kirche
der Union und der Vereinigten Evangelisch-Lutherischen Kirche
Deutschlands herausgegebene Fassung des Kleinen Katechismus Doktor Martin Luthers darf nur mit Erlaubnis eines der Herausgeber nach-
gedruckt werden.

ISBN 3-7859-0551-3